BEI GRIN MACHT SICH IHR WISSEN BEZAHLT

- Wir veröffentlichen Ihre Hausarbeit,
  Bachelor- und Masterarbeit

- Ihr eigenes eBook und Buch -
  weltweit in allen wichtigen Shops

- Verdienen Sie an jedem Verkauf

Jetzt bei www.GRIN.com hochladen
und kostenlos publizieren

Hans-Jürgen Borchardt

Neue Kunden mit Groupon Gutscheinanbietern gewinnen

Werbekosten durch Eigenleistungen sparen

GRIN Verlag

Bibliografische Information der Deutschen Nationalbibliothek:

Die Deutsche Bibliothek verzeichnet diese Publikation in der Deutschen National-
bibliografie; detaillierte bibliografische Daten sind im Internet über http://dnb.d-
nb.de/ abrufbar.

Impressum:

Copyright © 2012 GRIN Verlag, Open Publishing GmbH
Druck und Bindung: Books on Demand GmbH, Norderstedt Germany
ISBN: 978-3-656-46652-9

Mit Groupon und anderen Gutscheinanbietern neue Kunden gewinnen

Die Methode ist altbekannt. Es werden Gutscheine ausgegeben, die zu einem späteren Zeitpunkt eingelöst werden können. Das war in der Vergangenheit nicht besonders attraktiv, weil die Ausgabe der Gutscheine im Allgemeinen an die eigenen Kunden in Form von Geschenkgutscheinen erfolgte. Damit dienten diese Gutscheine im Wesentlichen der Umsatzsteigerung.

Mit dem Internet hat sich die Situation jedoch geändert. Mit neuen Ideen und den Möglichkeiten die das Netz ermöglicht, hat sich das Geschäft mit den Gutscheinen gewandelt. Aus dem Geschenk-Gutschein hat sich ein Konzept zur Kundengewinnung entwickelt. Die Gutscheine werden jetzt nicht mehr direkt vom Unternehmen an die Kunden ausgegeben, sondern durch einen professionellen Gutschein-Dealer (Vermarkter) an einen großen Interessentenkreis versendet.

Grundlage eines Angebotes durch einen Gutschein-Dealer ist immer ein zeitlich begrenzter Preisnachlass. Dabei muss zwischen zwei unterschiedlichen Angeboten unterschieden werden:

1. Gutscheine mit einem hohen Preisnachlass für Produkte oder Leistungen nach freier Wahl.

   Beispiel: Anbieter wie www.gutscheine.de oder www.gutscheinrabatt.eu oder www.melsungenieten -online.de oder www.gutschein-codes.de bieten Warengutscheine von den verschiedensten Unternehmen an. Das beginnt bei A wir Apotheken, geht über H wie Hotel, R wie Reisen bis Z wie Zeitungen bzw. Zeitschriften.

   Diese Gutscheinangebote gelten überregional und sind überwiegend zeitlich begrenzt. Damit sind diese Portale eine Fundgrube für Schnäppchenjäger. Überraschend ist, dass unter den Anbietern viele Marken und Versandhäuser zu finden sind.

2. Zeitlich und regional begrenzte Gutscheine für ein (exakt) beschriebenes Angebot. Diese Angebote konzentrierten sich in der Vergangenheit überwiegend auf Dienstleistungen und ausgewählte Produkte mit einem Preisnachlass von mindestens 50%. Relativ neu ist, dass inzwischen auch das Handwerk diese Möglichkeit der Vermarktung nutzen kann.

„Erfinder" und Marktführer auf diesem Gebiet ist die amerikanische Groupon Inc. Sie gibt an, dass sie in 35 Ländern aktiv ist und mehr als siebzig Millionen registrierte Nutzer hat. In Deutschland wird dieses Geschäftsmodell in 2012 einen neuen Kumulationspunkt erreichen, weil Groupon und die Deutsche Telekom die Zusammenarbeit beschlossen haben.

Auf Grund des Erfolges, den das Unternehmen in den vergangenen Jahren hatte, sind in Deutschland in vielen Städten Wettbewerber wie www.oecherdeal.de, www.preisgenial.de, www.dailydeal.de, www.westdeal.de, www.Qipedeals.de etc. entstanden.

Für die Leistungserbringer (Unternehmen) ist diese Entwicklung positiv, denn durch den entstandenen Wettbewerb haben sich die Konditionen für sie verbessert.

Dieses Angebot ist für all jene Betriebe interessant, die ihren Kundenkreis erweitern wollen. Dabei spielt es keine Rolle, ob es sich um etablierte Betriebe oder um Existenzgründer handelt. Sie können sich auf der regionalen Plattform des Gutschein-Dealers einer breiten Öffentlichkeit mit ihrem Angebot vorstellen und so ihren Bekanntheitsgrad nachhaltig steigern. Für etablierte Betriebe sind diese regionalen Gutschein-Portale dann interessant, wenn Neukunden gewonnen werden sollen.

Der besondere Vorteil für alle Leistungsanbieter ist, dass sie nicht mit hohen Werbekosten in Vorlage gehen müssen. Statt Anzeigen, Banner oder andere Werbemittel zu finanzieren, müssen sie „nur" verbilligte Eigenleistungen erbringen.

Und so funktioniert das Geschäft mit den Gutschein-Angeboten

Der Leistungserbringer, also der Betrieb, überlegt, mit welchem Angebot er möglichst viele Besteller bzw. Käufer gewinnen will. Dieses Angebot wird über den Gutschein-Dealer auf dessen Homepage bzw. über seinen Newsletter-Versand einer großen Zahl von Empfängern in der Stadt bzw. in der Region vorgestellt. In den meisten Fällen nur 24 Stunden.

Interessenten die dieses Angebot nutzen wollen, kaufen den Gutschein beim Gutschein-Dealer. Bedingung für die Realisierung des Deals ist, dass eine im Voraus bestimmte Zahl von Aufträgen erreicht werden muss und dass sie den Gutschein innerhalb einer bestimmten Frist einlösen müssen. Wird die vorher festgelegt Anzahl von Gutscheinen verkauft, muss der Anbieter sein Angebot realisieren. Wird die festgelegte Mindestanzahl an Gutscheinen nicht verkauft, verfällt das Angebot ersatzlos.

Käufer die einen Gutschein erworben haben, diesen aber nicht realisieren können, weil die festgelegte Anzahl von Abnehmern nicht erreicht wurde, erhalten ihr eingezahltes Geld vom Gutschein-Dealer zurück.

Damit ergeben sich für den Leistungserbringer zwei Möglichkeiten:

1. Vom Gutschein-Dealer werden ausreichend Gutscheine für die angebotene Leistung verkauft. In diesem Fall muss das Angebot erfüllt werden. Ist die Leistung erbracht, erfolgt die Bezahlung vom Gutschein-Dealer. Dafür muss der Leistungserbringer den vom Vermarkter erstellten Gutschein einreichen.

2. Die vorher festgelegte Anzahl von Gutscheinen wird nicht verkauft. In diesem Fall verfällt das Angebot ersatzlos. Die Erarbeitung und die Präsentation des Angebots waren für den Betrieb umsonst.

Was Sie wissen müssen

- Groupon und andere Anbieter präsentieren täglich neue Angebote. Die Angebote bieten Rabatte bis zu 80% und sind in der Regel nur 24 Stunden kaufbar. Sonderregelungen sind möglich.
- Den teilnehmenden Betrieben entstehen lt. Aussage von Groupon im Vorfeld keinerlei Kosten. Groupon kümmert sich alles, also textliche und grafische Gestaltung, Verbreitung und Zahlungsabwicklung.

- Die Betriebe zahlen nur, im Erfolgsfall, die vereinbarte Provision an den Vermarkter. Da die Leistungen der Vermarkter sehr verschieden sein können, ist es sinnvoll diese vor Vertragsunterzeichnung zu vergleichen.
- Wichtig für jeden Betrieb ist, dass er die Anzahl der und die Laufzeit der Gutscheine begrenzen kann.
- In Amerika hat Groupon bereits „Smart Deals" eingeführt, d. h. dass die Empfänger ihre Interessengebiete vorgeben. Damit wird ein zielgruppenorientierter Newsletter-Versand erreicht.
  Es ist sicherlich nur eine Frage der Zeit, bis diese Möglichkeit auch in Deutschland genutzt werden kann.
- Grundsätzlich ist dieses Angebot für jedes Unternehmen verwendbar, egal ob Handwerk, Dienstleister, Hersteller oder Handel. Wer wissen möchte, wie es Kollegenbetriebe machen, kann sich auf der Site http://www.groupon.de/gutscheine/service/haus-handwerkerservice informieren.

Lt. Auskunft von Groupon wurden von den Handwerker-Deals durchschnittlich 100 – 200 Gutscheine verkauft.

Worauf Sie achten sollten
Wie immer, wenn etwas neu ist, gibt es auch bei den Gutschein-Dealern „schwarze Schafe". Deshalb ist es sinnvoll, sich vorher im Internet zu erkundigen und die Konditionen zu vergleichen, weil diese unterschiedlich sind. Dabei sollten Sie folgende Fragen für sich klären:

1. Wie oft erscheint mein Angebot?
2. Wann erscheint mein Angebot
3. Wo erscheint mein Angebot?
4. Wie groß ist die Zahl der Empfänger?
5. Sind die Empfänger selektier bar?
6. Welche Kosten entstehen für, wenn die Mindestzahl der Bestellungen nicht erreicht wird?
7. Gibt es (versteckte) Nebenkosten?

Außerdem sollten Sie sich auf jeden Fall den Internetauftritt des Vermarkters anschauen und das „Kleingedruckte" lesen, damit Sie über die Bedingungen vollständig informiert sind.

Ebenso wichtig ist es, im Voraus konkret zu überlegen, wie eine mögliche Auftragswelle möglichst reklamationsfrei abgearbeitet werden kann.

Diese Fehler sollten Sie vermeiden
Weil die Gutscheinportale der Vermarkter inzwischen ziemlich häufig im Netz zu finden sind, wird über die Erfahrungen mit den Leistungserbringern und den Vermarktern im Netz fleißig gebloggt. Dort werden die nicht erfüllten oder nur teilweise erbrachten Leistungen der Anbieter –mit konkreter Namensnennung- heftig kritisiert.

Unternehmen die Gutscheininhaber wie Kunden 2.oder 3. Wahl behandeln, verspielen ihr good-will. Andere wieder reduzieren die auf dem Gutschein

zugesagte Leistung mit den unterschiedlichsten Ausreden. Wer –wie passiert und immer wieder zu lesen-
die Einlösung des Gutscheines immer wieder verschiebt,
oder nur mit Zusatzkosten anerkennt,
oder mit Fantasiepreisen*arbeitet,
darf sich nicht wundern, wenn das Image seines Betriebes deutlichen Schaden nimmt.

(* damit sind die Grundpreise gemeint. Beispiel: Ein Restaurant behauptet in seinem Gutscheinangebot, dass das Candlelight normaler Weise 80.00 € für zwei Personen kostet, es aber in der Speisekarte für 60,00 € anbietet.)

Wer nicht bereit ist, die zugesagten Leistungen (bestens) zu erfüllen, erreicht genau das Gegenteil der eigentlichen Zielsetzung. Die so enttäuschten Gutscheinkäufer berichten im Netz sowie im Freundes- und Bekanntenkreis über ihre schlechten und guten Erfahrungen. Werden die Gutscheinbesitzer gut bedient, sind sie exzellente Empfehler. Wenn sie jedoch wie Schnäppchenjäger und Kunden 2. Wahl behandelt werden, ist die negative Resonanz im Internet nicht zu vermeiden.

Unternehmen die sich zu einer derartigen Gutscheinaktion entschließen, müssen die neuen Kunden so zu begeistern, dass sie so zufrieden sind, dass sie positiv darüber berichten und zu Stammkunden werden.

Um dieses Ziel zu erreichen, sollte eine derartige Aktion nicht „Hals über Kopf" durchgeführt werden. Besser ist es, sich **vor** der Aktion im Detail zu überlegen, was angeboten werden soll, wie die Gutscheinbesitzer empfangen, bedient und über das Gesamtangebot informiert werden sollen. Nur wenn im Voraus Verhalten, Abläufe und Inhalte konkret festgelegt werden, kann diese Form zur Gewinnung von Neukunden zum Erfolg führen.

Hans-Jürgen Borchardt